L'EMPIRE DU SONGHAY (1464-1591)

SYMBOLE DE DIVERSITÉ ET DE TOLÉRANCE ETHNIQUE EN AFRIQUE DE L'OUEST MÉDIÉVALE

Amadou Ba

L'EMPIRE DU SONGHAY
(1464-1591)

SYMBOLE DE DIVERSITÉ ET DE TOLÉRANCE ETHNIQUE EN AFRIQUE DE L'OUEST MÉDIÉVALE

AMADOU BA

DU MÊME AUTEUR

- L'Histoire oubliée de la contribution des esclaves et soldats noirs à l'édification du Canada (1604-1945) publié chez Editions-Afrikana, Montréal, (Qc) 2019, republié chez Éditions AB Sturgeon Falls (ON) Canada 2021.

- Quelles valeurs transmettre aux jeunes du XXIe siècle, Éditions pour Tous, Montréal Qc 2016.

- Les "Sénégalais" à Madagascar, militaires ouest-africains dans la conquête et la colonisation de la Grande-Île (1895-1960), Éditions l'Harmattan Études africaines, Paris, 2012.

DÉDICACES

À mes enfants et à tous ceux qui m'ont soutenu et accompagné dans ce travail.

Je dédie ce livre à la jeunesse panafricaniste consciente.

À tous ceux et celles qui veulent mieux connaître ce que fut l'Afrique avant la colonisation européenne.

REMERCIEMENTS

Mes très authentiques remerciements à tous ceux et celles qui m'ont soutenu dans ce projet. Vous avez consacré une partie de votre précieux temps à la relecture de mon manuscrit. Vos corrections, suggestions, remarques, critiques et soutiens techniques m'ont été très utiles. Je veux nommer: Sovi Lambert, Kristina Bernier et Dr Amélie Hien. Junseo Lee a apporté une aide déterminante à la conception de la couverture et du site Web. Anne Louise Heubi s'est illustrée par ses compétences de directrice artistique et la révision créative, quant à Assantewa Aissetou Heubi elle a fourni l'appui technique, la logistique, le montage créatif, les graphiques et les illustrations. Mes sincères remerciements à tous.

CITATIONS

« Tant que les lions n'auront pas leurs propres historiens, les histoires de chasse continueront à glorifier le chasseur ». (Proverbe africain).

« Si les Africains ne racontent pas l'Afrique, elle disparaîtra ». (Ousmane Sembène, un écrivain, réalisateur, acteur et scénariste sénégalais)

« La négation de l'histoire et des réalisations intellectuelles des peuples africains noirs est le meurtre culturel, mental, qui a déjà précédé et préparé le génocide ici et là dans le monde ». (Cheikh Anta Diop, historien, anthropologue, et homme politique sénégalais).

« Si tu abandonnes ta spiritualité pour adopter celle de ton agresseur, tu deviens son esclave à jamais ». (Dicton asiatique).

« Notre seule faiblesse c'est d'ignorer notre force ». (Felwin Sarr, professeur d'université, économiste, philosophe et panafricaniste) extrait de "Traces et discours aux Nations africaines", discours prononcé à l'occasion de l'ouverture du Musée des Civilisations noires le 6 décembre 2018 à Dakar au Sénégal.

« Les grands empires médiévaux africains nous enseignent que ce qui nous unit est de loin plus fort, plus beau et plus vrai que ce qui nous désunit ». (Amadou Ba, historien, chercheur et écrivain).

AVANT-PROPOS

Revisiter l'empire du Songhay (1464-1591) me paraît indispensable et primordial à plusieurs niveaux. D'abord, parce l'Afrique précoloniale est très méconnue, méjugée, dépréciée et mésestimée. La glorieuse histoire du continent n'est pas suffisamment enseignée dans les écoles des différents pays du continent et elle est totalement mise à l'écart dans les programmes scolaires des autres pays du monde qui sont pourtant en relation avec l'Afrique depuis plusieurs siècles. La diaspora africaine et les Afro-descendants sont très peu informés de l'histoire africaine précoloniale. Ensuite parce que très souvent l'histoire de l'Afrique dans sa globalité est présentée sous une manière très dévalorisante. En effet, l'historiographie moderne héritée de l'eurocentrisme dépeint très souvent le début de l'histoire de l'Afrique avec sa colonisation par l'Europe. Une grande partie du passé de l'Afrique au sud du Sahara avant le 7e siècle est écrite par des auteurs étrangers (notamment arabes et européens) qui ne sont pas assez souvent neutres ou débarrassés de certaines préjugées. Ceci donne très peu d'espace pour mentionner les grands empires africains comme le Songhay. Pourtant, au Moyen-âge, l'Afrique s'est aussi démarquée par l'existence en son sein de très vastes, prospères et puissants empires et royaumes. Le Ghana, premier empire noir connu, est sorti directement selon les sources archéologiques du néolithique de Dar Tichitt-Walata (Ould Khattar, 1995). D'après d'autres auteurs et traditionnalistes ouest-africains, l'origine du Wagadou (ou Wagadu futur Ghana) est liée à la décadence de l'Égypte et à l'émigration de certains peuples de l'est vers l'ouest. Inutile de rentrer dans ce très long débat ici. Ce qui est important, c'est surtout de retenir que le royaume du Wagadou, qui allait engendrer le futur empire du Ghana, est détenteur d'une histoire qui s'étale sur plusieurs siècles. Le Ghana après son déclin est succédé par un autre grand empire le Mali, qui a son tour est remplacé par le Songhay. Ces trois empires qui ont prospéré dans la région de la savane et du sahel ouest-africaine ont une longévité de 900 années, c'est-à-dire entre les 7e et 16e siècles. Enfin, notons que l'Afrique contemporaine est présentée et perçue dans le reste du monde comme le seul continent qui n'a apporté aucune contribution à la construction et à l'avancement de l'Humanité. Ceci est surtout une conséquence de plusieurs siècles d'injustice, de mépris et de souffrance vécus par les Africains noirs à travers les traites esclavagistes des conquérants Arabo-musulmans et des Européens et le fait que l'histoire de ce continent ait été très majoritairement écrite par des non Africains mettant en avant les idées préconçues, des partialités, etc.

Pour toutes ces raisons, il est par conséquent crucial d'écrire la vraie histoire de l'Afrique et notamment celle de ses plus belles pages, à savoir la réalisation de très grands empires qui ont traversé plusieurs siècles. Le livre propose pour cela de revisiter une bonne partie l'histoire médiévale du continent qui fut une période faste, prospère économiquement, unie politiquement et soudée socialement, à travers le Songhay. Cet empire a succédé au Mali qui s'était imposé comme l'empire dominant de l'Afrique de l'Ouest entre les 13ᵉ et 15ᵉ siècles. Le Songhay a ainsi repris le contrôle du commerce transsaharien qui comprenait deux routes principales; l'une empruntant le fleuve Niger et longeant ensuite l'Atlantique nord, passant le long de la côte jusqu'au Maroc ou plus loin en Méditerranée et ouvrant un accès à l'Afrique du Nord, à l'Europe et au Moyen-Orient; la seconde, toujours à partir du fleuve Niger, traversait le Sahara en passant par les territoires actuels de la Libye, et, de là, se rendait jusqu'au Soudan moderne et en Égypte et même au-delà.

Tout en retraçant l'histoire du Songhay, un empire multiethnique, sa prospérité économie solide et diversifiée, le livre s'intéresse aussi à la dimension politique du Songhay notamment sa capacité de fédérer les peuples, de dépasser les clivages ethniques et surtout dans son rayonnement intellectuel.

Comprendre et s'approprier l'histoire des grands empires médiévaux d'Afrique comme le Songhay, aiderait les jeunes générations africaines à avoir une meilleure prise de conscience historique, une conscience large et profonde pour mieux se préparer à affronter l'avenir. L'histoire ce n'est pas seulement du passé, c'est un passé contemporain qui est présent en chaque individu et lui sert de repère, de boussole vers le futur. À l'heure où les États oust-africains postcoloniaux font face à de nombreux défis y compris la cohésion sociale, il est plus que nécessaire de revenir sur les plus belles pages du Songhay, le dernier des grands empires de l'Afrique de l'Ouest.

INTRODUCTION

À la suite du Ghana puis du Mali, émerge l'empire Songhay à l'Est de la boucle du Niger. Le peuple sonrhaï qui a donné son empire à l'empire Sonhraï ou empire Songhay, est un groupe ethnique qui forme autour de Gao, un État musulman dont la puissance est à la fois religieuse, commerciale et militaire.

Les origines remontent au 7ᵉ siècle connu sous le nom de royaume de Gao, royaume qui par la suite est devenu vassal de l'empire du Ghana puis du Mali. De royaume, Gao connu une expansion rapide à partir de 1464 sous Sonni Ali Ber, se transformant en empire jusqu'à 1591 date de son invasion par les troupes marocaines à la bataille de Tondibi.

Même si le Songhay a rayonné que sur une période de 127 ans (1464-1591), il demeure encore aujourd'hui un des plus vastes empires de l'Afrique du sahel et de la savane, doté d'une organisation politique solide, d'une économie prospère, d'une organisation militaire que la région ouest-africaine n'a pas été capable de reproduire après la chute du Songhay. D'ailleurs c'est la grande réputation économique et son rayonnement intellectuel du Songhay en Afrique noire qui provoquèrent la jalousie et la convoitise du sultan du Maroc.

Si on devait situer le Songhay aujourd'hui, on peut dire qu'il occupait l'espace géographique compris entre les régions actuelles de la Mauritanie au nord jusqu'au Bénin au sud. Ses limites sont connues. À l'est, l'empire du Songhay s'étend jusqu'à la frontière de l'actuelle Algérie et à l'ouest il touchait l'atlantique. Les pays de l'Afrique de l'Ouest suivants : le Niger, le nord Nigeria, la Mauritanie, le Burkina Faso, une bonne partie de la Côte-d'Ivoire et du Bénin, une partie de la Guinée, de la Guinée-Bissau, la totalité du Mali et du Sénégal ainsi que et la Gambie. Bien que tirant son nom du peuple Sonrhaï, l'empire Songhay, à la différence du Ghana ou du Mali est multiethnique dans son organisation centrale. Ce qui lui a valu la réputation de l'empire symbole de la diversité et de la tolérance ethnique en Afrique noire.

Carte de l'empire Songhay à son apogée

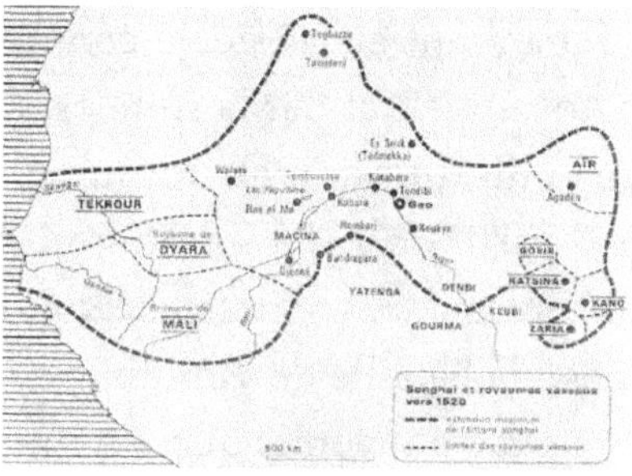

Carte de l'empire du Songhay à son apogée. Source: Revue *ANK, Civilisations africaines.*

LA QUESTION DES SOURCES

Tout comme les deux autres empires ouest-africains qui l'ont précédé, la connaissance de l'histoire du Songhay est rendue possible par l'existence de différents types de sources: écrites, orales et archéologiques.

LES SOURCES ÉCRITES

LES SOURCES écrites peuvent être rangées en trois catégories: les manuscrits laissés par les géographes et auteurs arabes qui ont visité ou récolté des informations sur le Songhay, les écrits de lettrés locaux, c'est-à-dire d'Africains qui écrivaient en arabe ou utilisaient l'alphabet arabe pour écrire dans certaines langues africaines. Enfin, il y a les sources européennes à partir du 15e siècle avec l'installation des Européens sur les côtes ouest-africaines.

LES SOURCES ARABES

TROIS AUTEURS arabes sont nos principales sources d'information sur l'empire du Songhay. Il s'agit d'Al Omari, d'Ibn Khaldoun et d'Ibn Batouta[1]. Ces chroniqueurs ont laissé des témoignages intéressants sur l'Afrique occidentale sahélienne et de la savane durant les 15ᵉ et 16ᵉ siècles. En 1351 Ibn Batouta ayant eu les échos sur le « pays de l'or » et surtout le fameux pèlerinage de Mansa Moussa, un des plus prestigieux empereurs du Mali (1312-1332), décide de se rendre dans cette partie de l'Afrique. Il quitte la ville marocaine de Fès en direction du *Bilad-as Sudan* (le Soudan occidental plus précisément). Son séjour dans cette région et notamment à Tombouctou lui a permis de laisser des descriptions de voyageurs curieux cherchant à comprendre les modes de vie des populations, leur économie et leur vie politique. Ses récits écrits demeurent une source incontournable dans la connaissance du Soudan occidental et notamment de l'empire du Songhay. Quant à Al Omari et Ibn Khaldoun, ils rapportent de leurs multiples voyages au 15ᵉ siècle une foule de renseignements sur le Kanem et surtout sur le Mali et le Songhay

(Péhaut, 1962, p. 407). Toutefois que ces trois auteurs arabes, même s'ils sont les plus connus, ne sont pas les seuls qui ont laissé des témoignages sur l'Afrique de l'Ouest. Avant eux, on note Al Bakri sur le Ghana ou encore Al Idrissi sur le Mali et tant d'autres.

Les manuscrits des géographes arabes sont complétés par d'autres sources en alphabet arabe qui sont l'œuvre de lettrés et d'érudits locaux.

Les sources africaines: les lettrés du Soudan occidental

Les manuscrits laissés par des auteurs locaux ont fourni l'essentiel des sources utilisées sur l'empire Songhay. Les plus connus sont ceux de deux historiens de Tombouctou du 17ᵉ siècle Abd al-Rahman al-Sadi (né en 1594), auteur du *Tarikhal-soudan* (*Chronique du Soudan*) vers 1656, et Ag Mohammed Ibn al - Mukhtar, qui a écrit *Ta'rikh al-fattash* (*Chronique du chercheur*) vers 1665. Dans leurs manuscrits, les deux historiens retracent leurs propres ancêtres dans l'empire du Ghana et décrivent les divers bureaux du gouvernement dans l'empire Songhay, nommant certains des hommes importants qui les détenaient ainsi que certaines de leurs actions. Ils ont également fourni des informations sur la vie économique de l'empire en particulier l'organisation du travail de la terre et la production agricole. Leurs témoignages nous renseignent aussi sur les événements politiques et les campagnes militaires tout en abordant la question sociale[2]. La traduction de *Chronique du Soudan* par John Hunwick qui dans son livre, *Tombouctou et l'empire Songhay* (1999), s'est inspiré de ces deux auteurs soudanais, fournit de précieux détails sur le système social à l'époque médiévale. Les sources exceptionnelles léguées par des lettrés locaux sont extrêmement précieuses même si l'on peut regretter parfois quelques insuffisances dues à la traduction ou déplorer le fait qu'elles soient généralement écrites en arabe et très peu dans les langues africaines comme l'*ajami*[3] chez les Foulbés (Peuls), le Haoussa ou le Suki.

LES SOURCES EUROPÉENNES

DANS L'HISTORIOGRAPHIE AFRICAINE, le 15ᵉ siècle marque une véritable césure dans le flux des sources et des témoignages historiques. En effet, à partir de cette date, le document européen fait son apparition au détriment de la tradition orale et surtout des sources arabes exclusivement présents jusque-là dans le champ du témoignage historique. Ce changement dans la nature et la provenance des matériaux écrits est lié à la mutation survenue dans le destin du continent. Le 15ᵉ siècle, comme on le sait, est celui de l'expansion européenne en direction de l'Afrique et du reste du monde. D'abord, les Portugais font leur apparition en 1434 sur les côtes d'Afrique occidentale, après avoir franchi le cap Bojador. En 1455, ils installent des comptoirs le long du fleuve Gambie et, en 1471, ils sont présents à Shama. Onze années plus tard (1482), ils sont implantés solidement à El Mina dans l'actuel République de Ghana pour deux siècles environ[1]. En 1485, les Portugais atteignent l'embouchure du Rio Zaïre et entrent en contact avec l'État du Kongo[2]. La caravelle triompha alors de la caravane, et l'Afrique noire, « progressivement détournée du

Maghreb et au monde musulman bascule vers l'ouest grâce aux nombreuses comptoirs établis par les Européens sur les côtes de l'océan Atlantique ». Après les Portugais, ce sont les Espagnols, les Hollandais, les Français et plus tard les Anglais, etc. qui ont tous laissé des informations sur l'Afrique. La présence européenne sur les côtes entraîne rapidement la production d'œuvres littéraires de nature extrêmement variée, qui constituent des matériaux précieux pour l'historien africain contemporain. La qualité de ces documents qui peuvent être classés en deux grandes catégories: sources narratives et sources d'archives, laisse quelquefois à désirer. Toutefois, ces témoignages écrits demeurent encore aujourd'hui une source historique inestimable pour le spécialiste de cette période[3].

LES SOURCES ORALES

LA QUESTION des sources orales a été clairement étudiée dans la partie consacrée à l'empire du Mali. En fait, la tradition orale était plus populaire dans celui-ci que sous la prédominance du Songhay et ceci pour des raisons que l'on peut deviner aisément. D'abord, au Mali les griots mandé (mandingue ou malinké) détenteurs de la tradition orale, occupent une place centrale dans la société et même dans la vie politique. Ce qui n'est pas toujours le cas au Songhay où une élite lettrée africaine s'était formée et en mesure d'écrire soit en arabe ou d'utiliser l'alphabet arabe pour écrire dans les langues africaines. En plus de cela, la période qui s'étire entre la fin du 15ᵉ siècle et surtout le début du 16ᵉsiècle, période qui marque l'apogée du Songhay, est caractérisée par la multiplication des sources écrites par les Européens. Ce qui n'est pas le cas au moment des deux empires précédents. Pour toutes ces raisons, l'oralité semble être moins importante dans l'empire Songhay, mais cela ne signifie pas qu'on n'eut pas recours aux rares sources orales disponibles. Certains affirment même que les lettrés africains interrogeaient les détenteurs de la tradition orale et la transcrivaient en arabe ou dans certaines langues africaines. À ces différentes sources écrites et orales, s'ajoutent les fouilles archéologiques qui ont apporté des informations précieuses ayant permis de mieux connaitre l'histoire des grands empires ouest-africains et donc du Songhay.

LES SOURCES ARCHÉOLOGIQUES

LES SOURCES archéologiques confirment non seulement l'existence de l'empire Songhay, mais aussi sa prospérité économique, son unité politique et même son rayonnement intellectuel et culturel ainsi que sa vie religieuse. Les fouilles archéologiques effectuées dans l'est de la République du Mali ont permis de confirmer l'existence de dynasties dirigeantes et d'autres grandes figures musulmanes du temps de l'empire Songhay. Il s'agit d'une grande collection d'inscriptions, principalement en arabe, écrites sur des pierres tombales. Les fouilles dans des cimetières d'une ancienne ville, d'une nécropole et dans plusieurs autres endroits, ont contribué à trouver des éléments historiques intéressants. D'après ces recherches archéologiques, la plus ancienne des pierres tombales date d'environ 1013 et provient d'un site appelé Essuk. Celui-ci se trouvait dans la ville commerciale médiévale de Tadmakka, au nord de Gao dans le désert du Sahara. La nécropole près du village de Saney, qui est à environ 5 miles (8 km) de Gao, contenait des pierres tombales royales du début du 12e siècle. Certaines des pierres tombales de Saney sont en marbre espagnol, et l'une d'entre elles a marqué la tombe d'Abu Abdullah Muhammad, décédé en 1100. En arabe, le nom Abdullah signifie littéralement « esclave de Dieu », voulant dire quelqu'un qui est un musulman pieux. Ainsi, d'après les pierres tombales, il est admis qu'à cette époque, les rois et les dignitaires de la terre étaient fermement musulmans, que leur réseau commercial s'étendait jusqu'en Espagne et qu'ils étaient suffisamment riches pour importer du marbre espagnol cher. Comme on le voit, il est donc possible de tirer pleinement parti des informations historiques sur les inscriptions de pierres tombales d'Essuk, Junhan, Saney et Bentyia car elles ont été étudiées et interprétées par le professeur P.F. de Moraes Farias et publiées dans son livre[1]. Dans cet ouvrage, Farias a également remis en cause de façon convaincante l'exactitude historique des chroniques arabes de Tombouctou. Il souligne que les auteurs se sont appuyés sur la tradition orale pour beaucoup de leurs informations et qu'ils reconstruisaient l'histoire de Songhay au mépris de la domination marocaine.

Toutes ces sources diverses, écrites par des auteurs différents venus de l'extérieur ou nés dans l'empire, ou relatées par la tradition orale ou encore les travaux d'archéologues, ont véritablement rendu possible une meilleure connaissance de l'histoire du Songhay, depuis ses origines jusqu'à sa chute.

LES ORIGINES DU SONGHAY

Tout a commencé avec une ville commerçante appelée Gao sur le côté est du fleuve Niger, (le fameux *Joliba* des Mandingues dont on a parlé). Gao, que les géographes arabes appelaient *Gawgaw*, serait contemporain du Ghana. Les sources arabes ne sont pas cependant très précises sur le nom de la ville. Selon Al-Bakri, qui transcrit *Kaw-Kaw*[2], la ville est située sur les bords d'un fleuve[3]. Al-Idrisi quant à lui, distingue la ville de

Kugha, « bien peuplée », entourée de murs, sur la rive nord, à vingt jours de marche de Kaw-Kaw (Gao-Gao) au nord. Même si les auteurs arabes ne sont pas unanimes à cause de leur manque de connaissance du milieu, ce qui est important ici et qu'il faut retenir, c'est l'existence de la ville ancienne de Gao et d'une autre moins grande, Koukia. Gao finit par devenir un royaume contrôlé par les Sonrhaïs, un peuple qui a des similitudes culturelles avec les peuples mandés du Ghana et du Mali mais qui parle une langue différente.

Au début du 14ᵉ siècle, le royaume de Gao a été conquis par le Mali et ajoutée à ses territoires. Selon Sékéné Mody Cissokho un des spécialistes de l'empire Songhay et dont les travaux ont été très utiles dans la compréhension de cet empire au niveau politique, économique, social et religieux, c'est vers 1275, ou plus sûrement entre 1285 et 1305, que les armées *manden* (du Mali) auraient conquis le royaume de Gao. Il informe aussi qu'en 1325, Mansa Kankou Moussa, de retour de pèlerinage à La Mecque, a construit une mosquée à Gao. Les Manden organisèrent la boucle du Niger sous la direction des *Farins*[4] ou gouverneurs en encourageant son développement économique. Gao devint ainsi une grande place commerciale, une des villes les plus belles du Soudan (Cissokho, 1984, pp. 213-231)[5]. Environ une génération plus tard, l'influence de l'empire du Mali avait commencé à décliner et, dans les années 1430, Gao avait retrouvé son indépendance. (Conrad, 2005, p.14). Avec la chute de l'empire du Mali et la montée de celui du Songhay, les populations d'une grande partie de l'ancien empire du Mali sont devenues des sujets du Songhay. Les populations de l'empire Songhay comprenaient également de nombreux groupes culturels qui avaient vécu à l'est du Mali et dont les descendants vivent aujourd'hui dans les pays actuels du Burkina Faso, du Bénin et du Niger.

LE RÈGNE DE SONNI ALI BER (1464-1492)

Ce qui fait la particularité du Songhay, c'est que très tôt, de nombreux et divers peuples ont fusionné en une seule unité homogène. Les opinions divergent quant aux vrais fondateurs du Songhay. Certaines sources mentionnent un nommé Aliman Dia qui aurait conquis les populations vivant près du fleuve Niger dans le Mali moderne et établi la dynastie *Dia* (*Za*). Au 13ᵉ siècle, Ali Kolon, fondateur de la dynastie Sonni, prit le titre *Si* pour se démarquer de la dynastie des *Dia* mais cette séparation fut de courte durée en raison du rétablissement de l'hégémonie des Maliens sur Songhay. Plus de 24 clans faisaient partie du peuple songhay et ont joué un rôle essentiel dans le champ d'action de la monarchie Songhay.

Lorsque *Sii* Sulayman Dama mourut en 1464, Ali Beeri, dont la date de naissance n'est pas connue, devint le nouveau *sii* de Gao et de ses terres environnantes. C'était un dirigeant très ambitieux, un chef militaire d'une énergie sans bornes qui était constamment en mouvement, conduisant ses troupes à repousser les envahisseurs et à conquérir de nouveaux territoires (David Conrad, 2005, p. 52). Une fois sur le trône du petit royaume de Gao, chez les Sonrhaïs, établis sur le Niger en aval de Tombouctou, Sonni Ali Ber constitua une cavalerie et une flotte de 400 bateaux, puis se lança à l'assaut de Tombouctou, dont il s'empare en 1468. Cinq ans plus tard, la flotte de Djenné assura la domination de Sonni Ali sur tout le delta intérieur du fleuve. Surnommé « Ali le Grand », il favorisa le commerce, créa une administration centralisée et prit l'habitude de rédiger des actes officiels[6]. Sonni Ali Ber changea la destinée du royaume de Gao. Il abandonna la politique de razzia de ses prédécesseurs pour une conquête territoriale (B. Hama, 1968, chap. III, IV et V). Il eut pour cela une armée aguerrie et bien structurée, commandée par des chefs de valeur

; une flottille sur le Niger dirigée par le *hi koy* (le ministre du fleuve et de la flotte), une infanterie toujours accrue par l'enrôlement des guerriers vaincus et surtout, une cavalerie qui, par sa grande mobilité, fut le fer de lance des conquêtes du Grand Sonni (S. M. Cissokho, *HGA*, vol. 4 1984, p. 217). Après avoir conquis de nombreux chefs et rois voisins, il prit le contrôle de leurs territoires et établit l'empire Songhay. Sonni Ali acquit dans l'esprit des contemporains une réputation d'invincible et incarne le génie de la guerre. Son peuple lui attribua le titre de *daali*[7]. Comme ses prédécesseurs, Sonni Ali fut attiré par la riche région de l'Ouest, les villes nigériennes et le delta central du Niger. Étape par étape, il conquit Djéné (Jenne), une partie du Macina, et surtout Tombouctou (1468). Il attaqua les Touaregs, les refoula dans le Nord-Sahel ; vers le sud, il mena plusieurs expéditions contre les Dogons, les Mossis et les Baribas. En 1483, Sonni Ali rejoignit et battit, près de Djenné, le roi mossi Masere Ier. Ce dernier revenait de Walata (Oualata) chargé d'un riche butin. Ensuite, il mit fin aux menaces d'incursions mossi dans la vallée du Niger. En 1492, date de sa mort, Sonni Ali Ber a laissé un vaste empire que ses successeurs allaient étendre davantage au Soudan occidental qui comprenait des parties orientales des anciens territoires du Ghana et du Mali (Conrad, 2005, p. 15).

À la mort de Sonni Ali Ber, sa succession se disputa entre son fils Sonni Barou et un de ses généraux et gouverneur de la ville de Hombori, Mohammed Touré (ou Sylla), originaire du Fouta Toro dans la moyenne vallée du fleuve Sénégal. D'origine soninké, du Fouta Toro (moyenne vallée du fleuve Sénégal), Mohammed Touré comptait de nombreux soutiens parmi la population musulmane pratiquante, dans l'armée impériale et chez les dignitaires de Tombouctou. Un parti théologique, dirigé par le *homboriloi* et son frère Omar Komdiâgho, se révolta contre le nouveau *sonni* et le vainquit à Anfao, dans la région de Gao. Mohammed Touré (ou Sylla) s'empara du trône du Songhay et prit le nom d'*askia* qui devient le nouveau titre des empereurs du Songhay. Il fonda une dynastie musulmane et un État "théocratique". Ce qui devait relancer l'islamisation de la région, trop lente à leurs yeux. Askia Mohamed étendit les limites de son empire. Songhay qui avait déjà intégré dans son territoire la ville de Méma une des capitales de l'ancien empire du Ghana, Tombouctou ou encore Djéné, conquiert sous le règne de Askia Mohammed, la totalité du royaume peul du Macina dans le centre du Mali, avant de reprendre tout le territoire de l'ancien empire du Mali, donc exerçant son autorité jusqu'à l'atlantique à l'ouest. C'est à cette période qu'Askia Mohammed fit construire son tombeau sous forme pyramidale et connu aujourd'hui sous le nom de "tombeau des *Askia*[8]". Le nouvel homme fort du Songhay favorisa aussi le développement des cités commerciales sur lesquelles je reviendrai au moment d'examiner l'économie du Songhay.

L'APOGÉE DU SONGHAY SOUS ASKIA MOHAMMED

Fervent musulman, Askia Mohammed accomplit un pèlerinage à La Mecque en 1496-1497. Par conviction religieuse ou par stratégie politique, le nouveau souverain se rendit aux lieux saints de l'islam. Durant son périple, il se fit accompagner d'une armée de 800 cavaliers, de nombreux *Oulemas* et emporta avec lui une somme de près de 300000 dinars pour ses dépenses[9]. Au cours de ce voyage religieux, il rencontra de grands dignitaires du monde musulman. Il rendit visite au Caire à un des pôles de l'islam, le grand maître d'*Al-Azhar, Al-Suyuti*, qui lui donna des conseils de gouvernement. Il acheta une concession à La Mecque pour les pèlerins du Soudan occidental et obtint du *sharif* de La Mecque le titre de calife (*khalifa*) de l'Ouest, les insignes du nouveau pouvoir et l'envoi dans son empire du sharif Al-Saḵli. C'est donc avec une légitimation musulmane, une consécration universelle de son pouvoir qu'il revint dans son pays.

Son règne, marqué par un encouragement à l'islamisation de la région, est aussi caractérisé par une floraison de la vie intellectuelle. En effet, c'est sous sa régence que Tombouctou atteignit sa plus grande renommée intellectuelle. Dix ans avant sa mort, en 1528, le vieil *Askia* fut écarté du pouvoir par ses fils et remplacé par leur aîné, Moussa. Askia Mohammed est mort à l'âge avancé de 95 ans. Il a laissé l'image d'un grand bâtisseur et d'un homme profondément religieux. Il fut encensé par les chroniques arabes qui se souviennent de lui comme étant celui qui appliqua la justice avec fermeté, mais surtout comme celui qui permit à l'islam de se répandre rapidement au Soudan occidental.

Askia Mohamed empereur du Songhay (1493-1528)
https://www.timetoast.com/timelines/askia-the-great

LES SUCCESSEURS D'ASKIA MOHAMED

Après la mort d'Askia Mohammed, l'empire Songhay a connu des moments d'instabilité politique dus aux querelles de succession. Son fils aîné et successeur désigné, Askia Moussa, fut assassiné et remplacé par Askia Mohammed Bunkan, un neveu d'Askia Mohammed puis par ses fils Ismaël (1537) et Ishaq I

(1539). À la mort de celui-ci en 1549, son frère Askia Daoud (Dawud) prit le pouvoir. Le règne de ce dernier est décrit comme étant très prospère. Il marque ainsi un renouveau et même un nouvel apogée du Songhay. Askia Daoud exerça le pouvoir pendant plus de 30 ans au cours desquels il réorganisa l'armée Songhay et remporta des victoires contre les pillards touaregs du Sahara et de nombreux peuples non musulmans voisins au sud. Le nouvel empereur réussit également à repousser les envahisseurs de toutes les directions qui ont tenté de capturer les ressources convoitées du delta intérieur du Niger. L'homme fort du Songhay triompha lors de la plupart de ses campagnes militaires, bien qu'une lutte avec le sultan marocain Muhammad al-Shaykh ait provoqué la perte temporaire des mines de sel de Taghaza en 1557. Askia Daoud était aussi un fervent musulman qui a soutenu l'apprentissage du coran et de la religion musulmane. Il aurait même établi des bibliothèques publiques dans son empire. Cependant, les problèmes allaient commencer pour lui quand des révoltes se sont déclenchées à l'intérieur de l'empire et des conflits à l'extérieur notamment à la suite d'une tentative d'invasion du Songhay par des troupes marocaines pour reprendre le contrôle des mines de sel et des routes de commerce[10]. Il eut entre autres pour successeurs Askia Mohammed Bani sans oublier Askia Ishaq II qui fut le dernier empereur du Songhay.

Tombeau des Askia dans la ville de Gao. Source: Revue ANK,
Civilisations Africaine

L'ÉCONOMIE DU SONGHAY

Tout comme ses aînés, du Ghana et du Mali, l'économie du
Songhay reposait sur différents secteurs très prospères notamment l'agriculture, l'élevage, la pêche, l'artisanat et surtout le
commerce transsaharien. Du fait de sa situation géographique
dans la région soudano-sahélienne, l'empire du Songhay était
un carrefour privilégié sur plusieurs niveaux.

VIE POLITIQUE, ÉCONOMIQUE ET SOCIALE AU SONGHAY

À L'INSTAR du Ghana et du Mali, le Songhay a eu la chance d'avoir de longs fleuves avec des affluents qui rendent les terres des vallées irrigables et très propices à l'activité agricole. En plus de cet avantage naturel, les cultures sous pluies pendant la période hivernale, complètent les rendements, génèrent des surplus et permettent de diversifier les productions. Une des particularités de l'agriculture dans le Songhay, est le fait que l'activité agricole était plus développée dans les grands centres urbains et leurs alentours que dans le monde rural. Les chroniqueurs arabes et même les *Tarikh* (écrits) laissés par des érudits et lettrés locaux donnent peu de renseignements sur les activités agricoles du monde rural contrairement au Ghana ou au Mali où le monde paysan occupe une place centrale dans les sources écrites. Ce qui aurait frappé les auteurs arabes, c'est que du temps du Songhay, les techniques agricoles n'ont pas tellement évolué et sont restées ce qu'elles ont été au temps des empires précédents. La houe (le *kaunu* des Sonrhaïs), les engrais animaux, la pratique du jardinage dans la vallée, la culture itinérante dans la savane, etc., sont toujours les mêmes depuis des siècles. En revanche, ils ont remarqué que dans les zones de fortes concentrations de populations notamment sur les rives des fleuves Niger et Sénégal, l'agriculture avait beaucoup évolué. Par exemple sur les bords des rives du Niger, notamment dans les villes de Djéné, Gao, etc., de grandes propriétés appartenant aux princes ou aux *Oulémas* étaient exploitées par des travailleurs et même des esclaves établis dans les villages de culture. L'*Askia* était lui-même un des grands propriétaires fonciers. Ses champs éparpillés dans la vallée étaient cultivés par une forte main d'œuvre, sous la direction de régisseurs appelés *fanfa*. Une sorte de rente était prélevée sur les récoltes et envoyée à Gao (M. Kati, *op. cit.*, pp. 178-180). Il en était de même pour les esclaves privés.

En dehors de l'agriculture qui ne cessait de se moderniser au Songhay par l'occupation de terres plus vastes et une main-d'œuvre plus massive, il y avait aussi la pratique de l'élevage. Cette activité a joué un rôle important parce qu'elle a permis de compléter la production agricole. En effet, l'élevage de bovins et de caprins dans la bordure sahélienne, au Macina ou au Bakhounou, celui des bœufs par les populations sédentaires de la vallée du Macina, ou encore d'autres régions comme le Ferlo dans l'actuel Sénégal ou le Wassoulou dans le Sud du Mali, etc., constituait une ressource importante de protéines animales (lait et viande), surtout pour les populations urbaines.

Quant à la pêche dont l'utilité et la place ont été soulignées dans les parties consacrées aux empires du Ghana et du Mali, elle joue ici également un rôle non négligeable dans l'économie. Sur les bords du fleuve Niger, la pêche est pratiquée par des populations dont la pêche est le métier traditionnelle et héréditaire. Il s'agit des Sorkos, des Dos et des Bozos. À l'ouest sur les bords du fleuve Sénégal, ce sont les pêcheurs Lébous, Subalbés, les Niominkas, etc. sur le fleuve Gambie qui jouaient ce même rôle. D'autres types de pêches étaient également menés sur les affluents des fleuves ou sur de vastes et profonds cours d'eau comme les étangs, les rivières ou les marigots par d'autres populations. La pêche procurait du poisson qui était consommé frais et surtout séché ou fumé. La technique de fumage et de séchage de poisson est encore très présente dans les sociétés africaines. Les femmes y participent activement. Au Songhay comme au Ghana et au Mali, les poissons séchés et fumés étaient vendus dans tout l'empire et même à l'extérieur. D'ailleurs une grande partie des ressources agricoles (grains, poissons, viande) alimentait le commerce et permettait aux ruraux de se procurer des produits de première nécessité comme le sel. L'importance du sel et sa place dans les sociétés ouest-africaines a été bien expliquée dans les chapitres consacrés sur le Ghana et le Mali. Au Songhay, ce produit occupe aussi la même place parce que le sel (chlorure de sodium, $NaCl$) est essentiel au métabolisme humain. En plus, dans les régions dotées de climats chauds comme celui de l'Afrique de l'Ouest, le corps humain en a particulièrement besoin pour remplacer ce qui est perdu avec la transpiration (sueur) et excrétion (urine). Si les éleveurs nomades de la savane, dont l'alimentation est basée sur la protéine animale, qui, elle aussi contient naturellement du sel, peuvent vivre sans apport supplémentaire en sel, tel n'est pas le cas pour une grande partie de la population du Songhay qui dépend principalement des céréales et des légumes, pour leur alimentation. Le sel est donc pour ces populations d'agriculteurs, un complément vital. C'est pourquoi, une fois retiré de la mine, il est coupé en grandes plaques et chargé sur des chameaux pour ravitailler les grands centres urbains de l'empire. Les caravanes de chameaux en provenance des régions désertiques sont guidées par un seul pisteur qui a une capacité spéciale à lire le désert et à localiser les puits le long du parcours. (Conrad 2005, p. 53).

Extraction de sel dans la région de Tombouctou

Ces énormes plaques de sel sont préparées pour l'exportation.
Elles étaient transportées à dos de chameaux.
Source (Conrad, 2005)

Le dynamisme des différents secteurs de production du Songhay entraîna non seulement un grand essor économique mais aussi l'existence de grandes villes commerçantes et un réseau de transport efficace. C'était l'époque où la caravane transsaharienne l'emportait sur la caravelle atlantique, selon l'expression de V. M. Godinho, (1969). L'*Askia* lui-même tira de grands profits de cette prospérité générale et constitua ainsi un dépôt de numéraires provenant des taxes sur les affaires, sur le domaine impérial. Ses magasins recevaient des milliers de tonnes de céréales collectées à travers l'empire. Daoud (ou Dawud) fut, comme son père, un grand mécène. Il honora les lettrés et les combla d'égards et de cadeaux. Il contribua à la restauration des mosquées et à l'entretien des pauvres. Des villes peuplées et prospères faisaient le bonheur de l'empire. Parmi celles-ci, Tombouctou qui rassemblait plus 80000 habitants au 15e siècle ou encore Djéné plus de 40000 habitants à la même période. Cette ville, voisine de Tombouctou, devient le point de regroupement des caravanes et le centre du commerce transsaharien, ce qui en faisait non seulement la métropole économique de l'empire, mais aussi le principal centre religieux et intellectuel. Tombouctou quant à elle était désignée sous le nom de cité mystérieuse. Elle s'honore alors de nombreux monuments en pisé (mélange de terre et de paille), telles les mosquées Djingareyber, Sidi Yaya et Sankoré. Le Français René Caillié[1] s'y est renduau cours de son voyage entre 1824 et 1828.

LES ÉCHANGES COMMERCIAUX

Dans les parties consacrées aux empires prédécesseurs du Songhay en Afrique de l'Ouest, il a été clairement démontré que les villes soudano-sahéliennes, Koumbi Saleh, Walata, Tombouctou, Djenné, Gao, etc., centres du grand commerce transsaharien, étaient en relation avec les grands marchés du Sahara et de l'Afrique du Nord, et, par-delà, avec l'Europe méditerranéenne. Le Songhay n'échappe pas à cette logique. Il a prospéré rapidement grâce au commerce transsaharien, en expédiant vers l'Afrique du Nord du sel et de l'or, mais aussi de l'ambre gris, de la gomme arabique, des peaux de léopards et de plus en plus d'esclaves, depuis que les conquérants musulmans ont réussi à faire accepter aux nouveaux convertis que la religion musulmane autorisait l'asservissement des non-convertis. En contrepartie, il reçoit du Maghreb des produits manufacturés (bijoux, armes, étoffes, miroirs, etc.) ainsi que des produits agricoles (blé notamment) et chevaux. Le Songhay finit par entrer en conflit avec les Saadiens[2] pour la possession des mines de sel du désert. Il est à noter aussi que certains marchands, bien organisés, avaient des succursales dans nombre de villes et suivaient avec profit les fluctuations des prix; ils disposaient d'une flottille commerciale sur le Niger, des chameaux et des bœufs porteurs pour le transport de leurs marchandises. Le port de Kabara était ainsi encombré de toutes sortes de marchandises à l'arrivée de Léon l'Africain[3] au début du 16ᵉ siècle (S. M Cissokho, 1990, p. 299). À la fin du 15ᵉ et au début du 16ᵉ siècle, le commerce demeure donc une des activités les plus lucratives dans l'empire du Songhay. Le commerce du sel dont la qualité la plus prisée venait des mines de Tawtek, l'arrivée de marchandises de Libye, d'Égypte, d'Ifriḳiya transitant par Tadmekka, les caravanes du Touat et, par-delà, du Maghreb occidental firent de Gao la capitale du Songhay un grand marché cosmopolite (Cissokho, 1990. p.214).

En gros, retenons que les échanges commerciaux entre le Songhay et l'Afrique du Nord ont favorisé la continuité de l'enrichissement des villes situées sur les bords du fleuve Niger. Ils ont aussi rendu possible une certaine aisance de la vie à la campagne. Le commerce a contribué également à un certain progrès matériel des conditions de vie des populations et dans le raffinement de l'aristocratie. Si l'on croit Cissokho (1990), le grand boubou, les babouches, le confort dans le logement, la variété de l'alimentation, étaient des signes de progrès dans la société nigérienne et dans l'ensemble du Songhay. Toutefois, la prospérité plusieurs fois séculaire du commerce transsaharien se voit de plus en plus menacée notamment à partir de 1510 par les royaumes maghrébins qui craignent que la puissance du Songhay ne débouche sur une mainmise entière et durable sur toutes les mines de sel du Sahara. Le commerce transsaharien est affaibli dès lors par des tensions, interrompues occasionnées

par la mort et succession au pouvoir d'Askia Mohammed en
1528[4].

LA VIE POLITIQUE ET ADMINISTRATIVE

L'organisation administrative et militaire du Songhay a été
minutieusement étudiée encore par Cissokho[5]. L'historien
malien souligne que, de par son architecture politique et administrative, le Songhay présentait une profonde originalité. La
forte structuration du pouvoir, la centralisation systématique,
l'absolutisme royal sont autant d'éléments qui donnaient à la
monarchie de Gao une couleur de modernité et tranchaient
avec les systèmes politiques précédents qu'avaient connu les
empires du Ghana ou du Mali. Le pouvoir était de type monar-
chique et l'islam y occupait une place considérable. L'empereur
résidait dans la ville de Gao, la capitale politique de l'empire.
Par sa position géographique, cette ville ouvrait l'empire vers
l'est et le faisait connecter à l'Égypte et à l'Arabie. Le gouvernement semble néanmoins moderne, rationnel, avec un partage
des compétences bien déterminé entre conseil, chancelier et
différents ministres: *Hi Koy* (maître de l'eau), *Monjo* (agriculture) et *kalisafarma* (finances). Les agents du gouvernement
central formaient le conseil impérial, qui débattait de tous les
problèmes de l'empire. Un secrétaire chancelier rédigeait les
actes du conseil, s'occupait de la correspondance du souverain,
de la rédaction et de l'exécution de ses chartes. Le Songhay est
divisé en deux grandes régions (Est et Ouest), chacune d'elle
dirigée par un gouverneur, souvent un prince du sang. Le
Dendifari, gouverneur de la province du Dendi, supervisait
toutes les localités du Dendi, c'est-à-dire la partie sud-est de
l'empire. Il était le troisième personnage de l'État; le titulaire
était généralement un grand dignitaire de la cour. Son armée
devait être un peu moins importante que celle de *Kurmina*.

Douze provinces plus petites ou des villes sont confiées à des gouverneurs (*fari* ou *koy*) qui étaient chargés de diriger une administration efficace de l'empire. Les royaumes vassaux ou tributaires conservent une indépendance théorique, mais l'*Askia* impose toujours son candidat lors des successions. Une armée et une flotte permanente encadrée par des officiers professionnels. À la différence des empereurs du Ghana et du Mali, le Songhay, tente de dépasser la structure clanique traditionnelle en s'appuyant sur l'islam comme moteur d'unification, même avec les royaumes vassaux. Askia Mohammed tenta à la fois de solidifier les acquis de Sonni Ali Ber, mais surtout d'apporter des nouveautés. Pour raffermir les legs de son prédécesseur, il organisa l'empire en nommant son frère Omar Komdiâgho *Kurminafari*. Une des tâches de ce dernier était de s'occuper de l'organisation de sa capitale Tindirma (Tendirma). Pour innover et apporter sa vision politique, Askia Mohamed créa de provinces nouvelles. Il remplaça certains agents de Sonni Ali par ses fidèles et proches alliés, puis il nomma des cadis dans toutes les cités musulmanes. Askia Mohamed réorganisa également la cour, le conseil impérial. Il fixa l'ordre des préséances et le protocole, répartit les services du palais entre ses différents serviteurs. À la cour, il donna la prééminence aux *Oulema* et aux cadis. Askia Mohammed fut un souverain éclairé.

On note aussi l'existence d'une administration indirecte. Celle-ci concernait les pays vassaux ou tributaires. Le chef du pays était investi selon les coutumes locales et reconnu par l'*Askia*. Il arrivait pourtant des contestations entre prétendants ou des rébellions contre l'autorité impériale. L'*Askia* intervenait dans ce cas et imposait son candidat. C'est ainsi que le *fondoko* Macina, Boubou Mariama, fut détrôné par Askia El-Hadj Muḥammad III, qui le fit exiler à Gao. Les États haoussa (Kano, Katsina), le royaume d'Agadès, les survivances de l'empire du Mali, la fédération des Touareg Kel Antassar (les Andasen d'Al-Sadi), celle des Magcharens (Touareg d'origine sanhadja de la région Tombouctou-Walata) étaient dans cette catégorie d'États plus ou moins tributaires selon l'orientation de la politique de Gao. Leurs souverains devaient payer des tributs périodiques, apporter leurs contingents guerriers quand l'empereur le demandait et entretenir de bonnes relations par des visites, des cadeaux et des mariages. À travers l'empire du Songhay, nous découvrons donc que l'administration indirecte que les Britanniques ont appliquée dans leur colonie ouest-africaine du Nigeria du temps de Frederick Lugard[6], n'est pas une chose nouvelle dans cette région africaine de la savane et du sahel qui a des politiques très anciennes et des expériences d'administration et de gestion efficaces des populations malgré leur plus grande diversité.

Par ces deux systèmes d'administration, l'empire de Songhay parvint à encadrer les populations du Soudan nigérien, à assurer la sécurité des personnes et des biens et à permettre un grand développement économique. La justice, confiée à des cadis quasi indépendants ou à des chefs coutumiers, sauvegardait la liberté et le droit des habitants de l'empire.

L'ORGANISATION SOCIALE

La société du Songhay était structurée de la même façon que les autres sociétés de l'Afrique sahélienne et de la savane, qui ont eu les mêmes influences depuis le Ghana et le Mali. Cependant, il y avait une certaine originalité qui résidait dans le développement d'une économie plus marchande aux 15e et 16e siècles, période qui marque son apogée. C'est ce qui a donné naissance à une société urbaine plus visible au Songhay par rapport à ses aînés ouest-africains. On distinguait ainsi nettement deux types de sociétés: la première urbaine et qui ne cessait de se développer et la seconde rurale un peu plus conservatrice. Néanmoins, qu'il s'agisse de la ville ou de la campagne, l'élément de base qui donnait de la couleur à toutes les institutions sociales, à la vie quotidienne, était la famille. Les clans sont composés de plusieurs familles bien structurées entre elles. C'est le cas encore aujourd'hui dans de nombreuses ethnies ouest-africaines. L'un des traits fondamentaux de la société songhay, était sa hiérarchisation en différentes catégories. On distinguait la classe des nobles, celle des hommes libres, les hommes de caste et même celle des esclaves, à cause de l'institutionnalisation de l'esclavage dans le système social et politique à la suite de l'ampleur que prenait cette pratique en Afrique de l'Ouest musulmane. La noblesse est constituée des nombreux parents de la famille impériale. Ses membres occupaient les hautes fonctions de l'administration et de l'armée et jouissaient de plusieurs privilèges[7]. Les classes maraboutiques occupaient elles aussi une place centrale dans le haut du sommet. D'origine soninké, peul ou maure, les marabouts étaient des musulmans lettrés et détenteurs du pouvoir religieux. Les pêcheurs faisaient partie de la classe des hommes libres. Ils étaient craints à cause des pouvoirs qu'on leur prête, fabricants de pirogues et chasseurs de crocodiles, d'hippopotames et de lamantins. Ils sont divisés en deux grands groupes: les *fono* qui se mêlent aux pêcheurs bozos du fleuve Niger, et les *faran*. En bas de l'échelle, il y a les classes serviles improprement désignées sous le terme d'esclaves. Il s'agit des *tyindikatas*: dépendant de la noblesse et des hommes libres. Ils étaient chargés de l'entretien des chevaux, des *gabibi* qui pratiquaient l'agriculture pour la noblesse dirigeante. Ils s'occupaient également de l'escorte des *Askia*. Ce qui signifie qu'ils pouvaient détenir des armes et jouaient un rôle militaire important leur permettant parfois même d'accéder au pouvoir. Il est donc impropre de les désigner sous le vocable d'esclaves. Ce qui a d'ailleurs créé une confusion entre la conception européenne ou arabe du terme esclave et la conception africaine du même vocable. En effet, dans les sociétés ouest-africaines, où encore aujourd'hui, les castes et leur organisation sont toujours respectées, les membres des classes inférieures y compris celles qu'on appelle captifs ou esclaves ne sont pas exclus. Ils peuvent tisser des liens d'amitié très solides avec les membres des classes supérieures dont ils peuvent parfois être des conseillers. Comme du temps des empires du Ghana ou du Mali, il existait de nombreuses castes d'artisans au Songhay. Ce sont des forgerons, des menuisiers, des potières, des tanneurs, des cordonniers, des tisserands, des barbiers et des coiffeuses ainsi que des griots, des captifs de guerre et des serfs[8]. Dans une Afrique de l'Ouest où il y a un brassage ethnique très fort, il est difficile de les reconnaître à travers les patronymes. En effet dans les castes, de nombreux habitants de l'est du Songhay portent les patronymes comme Maïga ou Touré. À l'ouest de l'empire, ils ont parfois des patronymes différents.

On remarque que la hiérarchisation sociale était un peu plus souple et moins marquée dans les centres urbains que dans le monde rural. En effet, le monde urbain constituait une société hiérarchisée selon le type soudanais, mais le critère de différenciation est ici économique. La société urbaine comprenait trois éléments de base: les marchands, les artisans, les religieux, vivant tous directement ou indirectement du commerce. Les marchands étaient pour la plupart des étrangers; les artisans et les petits commerçants, couches dynamiques et remuantes, étaient groupés en corporations avec leurs réglementations et leurs coutumes. Les intellectuels, marabouts, étudiants - étaient des gens de bonne compagnie qui jouissaient d'une grande considération sociale. La société urbaine du Songhay habitant sur les bords de grands fleuves du Niger ou du Sénégal, était une société policée et raffinée, tout au moins au niveau de l'aristocratie. Elle aimait l'habillement ample, les babouches jaunes, la vie douce des maisons, la cuisine bien épicée et, par-dessus tout, la bonne compagnie. Cela a conduit à un certain relâchement des mœurs, sensible par l'existence de nombreuses courtisanes et par la débauche dans l'aristocratie princière. (Cissokho 1990, p. 232). En cela, elle se distingue nettement de la société rurale.

Après avoir examiné la société du Songhay et de l'ensemble de l'Afrique occidentale de la savane et du sahel qui avait une cohésion sociale très solide où les populations vivaient en parfaite harmonie, on ne peut que regretter ce qui se passe aujourd'hui. Dans cette même partie de l'Afrique, on a vu récemment des massacres de populations civiles pacifiques à travers les attaques contre les Peuls de la part des Dogons ou des premiers contre les seconds. Ceci ne s'inscrit pas dans la logique de la cohabitation sociale vieille de plusieurs siècles, voire de millénaires. Les Maliens dans leur plus grande majorité trouvent cela impensable et inimaginable parce qu'il y a une alliance entre les Peuls et les Dogons, une alliance séculaire qui était une des bases, un des fondements de la cohésion sociale dans cette région ouest africaine. Le Peul ne peut pas porter la main contre un Dogon et vice-versa. Donc ce genre de massacres et notamment celui de Ogossagou, qui a eu des échos dans le monde entier, ne sont en réalité que des manipulations politiques. Ils sont perçus par les Maliens dans leur for intérieur comme la destruction de ce qui faisait la cohésion et l'harmonie d'une société. Le Mali comme les autres États africains ont besoin de réinventer leur vie sociale, politique, économique et culturelle, en allant puiser dans les anciens empires et royaumes du continent. En effet les grands empires médiévaux africains nous enseignent que ce qui unit les Africains est de loin plus fort, plus beau et plus vrai que ce qui les désunit.

Malheureusement, une des grosses difficultés que l'Afrique contemporaine connaît, c'est la perte de confiance en soi. À cela s'ajoute la méfiance entre les ethnies qui fait partie des héritages du diviser pour mieux régner légués par les conquérants arabo musulmans et les Européens. Les souffrances que les Africains ont vécues ces derniers siècles les ont considérablement diminués, les ont délégitimés. Quand une personne se croit petite, elle va agir dans la petitesse. La construction de la grandeur est vraiment un élément essentiel dans l'Afrique contemporaine.

RAYONNEMENT INTELLECTUEL

L'islam a joué un rôle important dans le développement intellectuel en Afrique occidentale médiévale. Il a favorisé la création d'une élite lettrée notamment dans les zones urbaines où il s'est implanté en premier dès le 11e siècle. À cela s'ajoutent les rois, les élites et les dirigeants faisaient partie des premiers convertis à la religion musulmane, soit pour des raisons d'alliance, d'ouverture ou d'utilisation de la religion pour asseoir leur pouvoir et leur autorité. Cette situation a rendu possible l'épanouissement intellectuel et l'attrait dès le 15e siècle nombre de savants étrangers. La politique bienveillante des souverains de Gao qui, à l'instar du fondateur de la dynastie des *Askia* comblèrent les docteurs musulmans d'honneurs, de présents et leur assurèrent un prestige social sans pareil dans l'empire. Dans la partie consacrée à Askia Mohammed, j'ai précisé que ce dernier pratiqua une politique systématiquement musulmane, basée sur les préceptes du Coran et œuvra à l'implantation et à l'extension de l'islam au Soudan occidental. Malgré tout cela, la religion musulmane ne réussit pas toujours à s'implanter partout dans l'empire ni devenir la religion dominante majoritairement admise par les populations du Songhay aux 15ᵉ et 16ᵉ siècles. On a d'un côté un islam politique et urbain et de l'autre un monde rural plus conservateur et adepte des religions traditionnelles. La grande masse des Sonrhaïs et des peuples de l'empire, vivant à la campagne, restaient attachés aux croyances ancestrales (animisme) du terroir et s'intéressaient peu à la vie intellectuelle ou celle des lettrés. C'est cela qui explique le fait que le rayonnement culturel au Songhay est avant tout une affaire de villes comme Tombouctou, Gao, Djené, Dendi, etc.

Même si le peuple rural du Songhay, qui rappelons-le, est majoritaire et qu'il est moins pénétré par le rayonnement intellectuel, force est de constater que l'empire du Songhay connut un grand épanouissement intellectuel aux 15ᵉ et 16ᵉ siècles. Un humanisme soudanais s'imposa comme une des données de l'Islam universel. Formée aux 14ᵉ et 15ᵉ siècles dans les universités de la Karawiyyin à Fès et d'Al-Azhar au Caire, l'élite soudanaise s'émancipa et, par son propre effort, parvint au faîte de la science islamique. Les centres de cette animation intellectuelle demeuraient les villes. Le surplus commercial permit le développement d'une classe de lettrés adonnés au service du culte et aux études. La prospérité générale attira dans les villes nigériennes des savants venus de toutes les régions de la savane et du Sahel ouest-africain. La plus célèbre université fut sans conteste celle de Tombouctou d'où sont issus les deux *Tarikh* qui, constituent les plus grands monuments d'œuvres historiques soudanaises. L'Université, foyer d'acquisition et de diffusion de la connaissance, n'était pas un corps organisé comme en Afrique du Nord. Elle comprenait un grand nombre d'écoles libres et surtout la fameuse mosquée de Sankoré, qui dispensait un enseignement supérieur. Tombouctou avait, au 16ᵉ siècle, quelque 180 écoles coraniques et des milliers d'étudiants venus des quatre coins de l'empire, logeaient chez leurs maîtres ou chez des hôtes. Les maîtres, non rémunérés, s'adonnaient totalement à leurs études, le jour comme la nuit. Plusieurs disciplines étaient enseignées.

Il faut cependant situer ce rayonnement intellectuel à travers l'acquisition de la culture islamique dans le cadre d'une culture d'élite, qui ne toucha que peu de populations du Songhay. Autre chose importante, cette culture et ce rayonnement intellectuel avaient négligé la tradition orale africaine parce que la religion musulmane qui servait de référence donnait la priorité à l'écriture et non à l'oralité, même si nous connaissons des sociétés où la vie intellectuelle s'est exprimée et épanouie à travers l'oralité comme dans la Grèce antique par exemple. Pour revenir à la vie spirituelle et intellectuelle au Songhay, il faut retenir qu'elle était fondée sur l'écriture et elle n'intégra pas la tradition orale qui fit ses preuves au Mali. En effet, la vie intellectuelle au Songhay n'a pas véritablement intégré les langues et les cultures autochtones. Urbain, le rayonnement intellectuel au Songhay resta de ce fait marginal et s'écroula en même temps que les cités qui lui ont donné naissance, parce que celles-ci avaient été mises à terre après la défaite de Tondibi contre les Marocains en 1591. En plus de cela, avec l'arrivée des Européens dont les comptoirs ne cessaient de se multiplier sur les côtes africaines, les témoignages écrits avaient commencé à se répandre sur certaines sociétés du Songhay. Ces manuscrits laissés par des Portugais, Espagnols, Hollandais, Français, Anglais, etc., allaient devenir les principales sources d'information sur le Songhay et sur toutes les régions d'Afrique fréquentées par ces nouveaux arrivants.

La grande mosquée d'origine de Djéné (Jenne) au Mali datait du 15ᵉ siècle. À la fin du 19ᵉ siècle, elle était tombée en ruine et la mosquée actuelle a été reconstruite sur ces ruines en 1906 - 1907. Source (Conrad, 2005, p. 54).

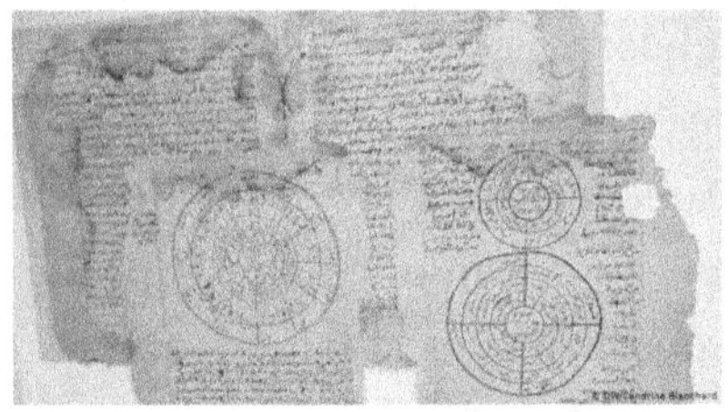

Manuscrits de Tombouctou (Source *ANK*, Civilisations africaines).

LA DÉCRÉPITUDE DE L'EMPIRE SONGHAY

Tout comme le Ghana et le Mali, le déclin du Songhay s'explique par une série de facteurs à la fois internes et externes. Même si les plus graves sont d'ordre externe, certains éléments internes ne sont pas à négliger. Par exemple sous le règne d'Askia Daoud, le Songhay devait faire face à une nouvelle invasion du Mali, réduit à l'état de royaume au 16ᵉ siècle. Askia Daoud devait également faire face aux soulèvements des

Mossis au sud, région encore animiste et cible préférée des conquérants musulmans mais qui a toujours réussi à se défendre. À ces troubles internes, s'ajoutent de réelles menaces externes comme le problème marocain. Le sultan du Maroc était en effet décidé à envahir le Songhay et prendre possession de ses richesses multiples. Ainsi, durant tout le règne d'Askia Daoud, notamment pendant la période de 1556-1557, le sultan marocain Mohammed el Sheikh, de mère africaine noire et surnommé de ce fait *Al Abd* (le Noir), revendiqua à son tour le Teghazza et l'occupa, tuant au passage des représentants de l'*Askia* sur place. Toutefois, les deux partis réussirent à trouver une entente pour éviter la guerre. Cette entente se concrétisa notamment durant le règne du nouveau sultan marocain Moulay Ahmed Mansour, lui aussi de mère africaine noire. Fasciné par le prestige de Tombouctou et la richesse supposée des *Askia*, Al-Mansour, le nouveau sultan du Maroc, se lança à la conquête de l'empire Songhay. Askia Daoud résista vainement et la guerre civile dévasta le pays qui s'enfonça dans l'anarchie. Les gouverneurs marocains nommés par le sultan furent appelés *Armas*[9] par la population à cause des armes à feu qui avaient assuré leur victoire. Puis les sultans se désintéressèrent du Songhay, trop éloigné de chez eux.

En 1587, à la mort d'Askia Daoud, les relations entre le Songhay et les Marocains se détériorent de nouveau. Lorsque le sultan marocain lui demande en 1589 que lui soit abandonné l'exploitation des mines de Teghazza, le nouvel *Askia*, Ishaq II lui répondit de manière défiante avec des insultes et des armes. À la fin de 1590, Askia Ishaq II a appris qu'une expédition du Maroc était en route pour attaquer Songhay. Il réunit ses commandants nouvellement nommés pour discuter des plans de leur défense contre l'ennemi extérieur, mais ils n'ont pas pu se mettre d'accord sur une stratégie commune et efficace et le Songhay n'était pas prêt à rencontrer les envahisseurs qui s'approchaient. Al-Mansur utilisa le défi d'Askia Ishaq II comme prétexte pour envoyer une expédition pour l'attaquer. Il choisit comme commandant Jawdar Pacha, (« pacha » est un mot qui signifie haut rang ou fonction), un musulman d'origine espagnole, ancien esclave affranchi, car il était un eunuque. On voit à travers cet exemple qu'il existait des esclaves européens dans le monde musulman y compris en Afrique du Nord et même en Afrique noire musulmane. Une histoire qui est aujourd'hui totalement oubliée parce que l'Europe, devenue forte et puissante à partir du 15ᵉ siècle, a réussi à protéger ses populations. Les Africains aussi ne seront en paix et en sécurité dans ce monde que quand le continent africain sera uni, fort et capable de protéger ses fils et filles sans dépendre de personne. Pour revenir à l'invasion du Songhay par les forces marocaines, notons que l'envahisseur avait une armée motivée et bien préparée. Elle est partie à la conquête du Songhay vers la fin de l'année 1590 avec environ 4000 combattants, dont 2000 fantassins armés de mousquets, 500 mousquetaires à cheval, 1500 lanciers arabes et 70 esclaves chrétiens armés de l'arquebuse. Certaines des troupes marocaines portaient probablement une armure de cotte de maille, qui a été introduite au Soudan occidental à peu près en même temps que des armes à feu. (Conrad, 2005 p. 62). Le sultan marocain avait tellement misé sur cette expédition militaire, qu'il déploya toutes ses forces et tous ses moyens pour y arriver. Il a fallu environ 10000 chameaux pour transporter toutes les fournitures de l'armée d'invasion, dont quatre petits canons et 10 mortiers pour lancer des boules de pierre dans les villes. Ils devaient également transporter de grandes quantités de poudre à canon, des tentes et d'autres fournitures pour les troupes, ainsi que suffisamment de nourriture et d'eau pour leur permettre de faire un voyage d'au moins 40 jours à travers le désert du Sahara. Le Maroc, mieux est équipé techniquement en raison des armes qu'il a acquises des Portugais et les Espagnols. Ces armes sont plus modernes et efficaces que celles utilisées jusque-là par l'armée du Songhay. C'est le lieu de rappeler que l'empire du Songhay, à cette époque, avait négligé un peu le domaine militaire au profit des secteurs économique et religieux. Il n'a cherché ni à moderniser ni à renouveler son armée, c'est pourquoi il n'a pas pu tenir longtemps face à l'invasion marocaine. Mal préparée et n'ayant pas réagi à temps, la résistance des armées du Songhay ne fut pas à la hauteur de ce qu'elle devait être. Ainsi en 1591, une grande partie de l'empire, celle où se trouvaient les princi-pales villes, poumons économiques de l'empire, mais aussi centre de rayonnement intellectuel (Tombouctou, Djéné et Gao) tomba. Les principales villes furent une à une sous la coupe et le contrôle du sultan marocain Ahmed al Mansour. Les Marocains occupèrent et pillèrent Tombouctou, Gao et Djéné. Ils envoyèrent à Marrakech les multiples trésors et la richesse des villes africaines conquises. Ses gains pris en temps de guerre, furent utilisés pour construire de beaux palais dans la prestigieuse ville de Marrakech qui est aujourd'hui l'une des plus belles du Maroc. Le Songhay garda tout de même la partie sud-est de l'empire (la région du Dendi), mais perdit le pouvoir qui avait fait de lui l'un des plus hauts lieux de la puissance militaire, de la richesse matérielle et intellectuelle de l'Afrique médiévale. Lorsque les restes de l'armée du Songhay se reti-rèrent de la campagne, Askia Ishaq II fut déposé en faveur de Muhammad Gao. Celui-ci, ayant accepté imprudemment une invitation à rendre visite à Mahmud Pacha fut assassiné. Sous Nuh, un frère de Muhammad Gao, les Sonrhaïs, le groupe ethnique qui avait donné le ton sous Sonni Ali Ber, touché par son orgueil et regrettant d'avoir perdu un vaste empire qu'il a avait réussi à mettre en place en s'ouvrant aux autres ethnies de la région ouest-africaines, tentent de poursuivre leur guérilla contre l'occupation ennemie. Pendant deux ans, ils mènent des combats avec parfois quelques succès et des escarmouches contre Mahmud Pacha et ses troupes, jusqu'à ce que Mahmud abandonne finalement et revienne à Tombouctou. Nuh a combattu jusqu'en 1599, mais les Marocains ont continué d'occuper Tombouctou et les autres centres urbains. Les dirigeants Songhay n'ont jamais pu récupérer leur empire. Le Songhay défait, l'Afrique de l'Ouest est définitivement dominée par les forces étrangères musulmanes dans ses parties est et de plus en plus par les puissances européennes dans les parties ouest. L'esclavage des Noirs devient la norme et l'Afrique ne se remit pas encore de cette débâcle.

CONCLUSION

L'empire songhay s'effondra à la suite de la bataille de Tondibi contre les Marocains en 1591. Ensuite, il éclata en une douzaine de principautés. Le Songhay qui connut une période très prospère sur le plan économique, une unité politique réelle sur un vaste espace, sans oublier de noter la bonne cohésion sociale qui y régnait malgré sa diversité ethnique et culturelle, paya lourdement les frais d'un manque d'anticipation face aux intentions marocaines et surtout pour avoir raté le renouvellement et la modernisation de son armée. À la fin du 16ᵉ et au début du 17ᵉ siècle, les grandes villes qui avaient fait la réputation et la grandeur du Songhay, étaient sous contrôle marocain.

Cependant, il n'a pas fallu longtemps aux peuples soumis du Songhay pour se révolter. N'acceptant pas de supporter la domination des nouveaux maîtres, les différents royaumes voulurent affirmer leur indépendance et même leur hégémonie les uns sur les autres. Ainsi, au début du 17ᵉ siècle, les nomades touaregs du Sahara commencent à faire des incursions dans le grand virage du fleuve Niger. Les Peuls éleveurs de bétail du delta intérieur forment leur propre État, appelé Macina, et entament des attaques contre leurs voisins. Les guerriers *bamana* de la rivière (au sud-ouest de Songhay) assiègent Djéné et se battent contre les Peuls. Les armées des royaumes du nord des actuels Côte d'Ivoire et Burkina Faso commencent également à avancer dans les régions du sud de l'ancien empire. À la fin du 17ᵉ siècle, l'ancien cœur de l'empire Songhay était devenu un espace constitué par plusieurs petits États et royaumes ethniques faibles, incapables de faire face aux Européens qui saisirent de cette réalité pour accentuer la traite des Noirs. Après la chute de Songhay, toute l'Afrique de l'Ouest est fragilisée et ne s'est pas encore remise.

SOURCES

Actes du Colloque : histoire et tradition orale : projet boucle du Niger, 3ᵉ année, l'Empire du Mali, l'Empire du Ghana, l'Empire du Songhay *Fondation SCOA pour la recherche scientifique en Afrique noire* (Paris). Colloque international de Niamey, Niger (3 ; 1977 ; Niamey) / 1980.

Baba Kaké, I., *Askia Mohamed : l'apogée de l'empire songhay*, Éditions, N.E.A, Dakar, 1976.

Cissoko, M.S, "Les Songhay du XIIᵉ au XVIᵉ siècle", chapitre 8, p. 213-235, *Histoire Générale de l'Afrique vol. 4*, UNESCO, 1984.

Conrad, D., *Empires of medieval West Africa: Ghana, Mali, and Songhay*, Facts On File, Inc. 2005.

Hale, Th. A., *Scribe, griot, and novelist: narrative interpreters of the Songhay empire: followed by; The epic of Askia Mohammed*, University of Florida press, 1990.

Hama, B., *L'Empire songhay: ses ethnies, ses légendes et ses personnages historiques*, P.J. Oswald / DL 1974.

Paré, M., "L'économie dans le Bilad Al-Sudan Occidental

(XVᵉ - XVIᵉ siècles)", publié dans la revue *Études Rurales*, num. 193, 2014 Souffrances humaines.

Péhaut, Y., « L'Ouest Africain au Moyen-âge », *Les Cahiers d'Outre-mer*, 1962 15-60 pp. 407-414.

Simonis, F., *L'Afrique soudanaise au Moyen âge: le temps des grands empires* (*Ghana, Mali, Songhaï*), Canopé - CRDP, 2010).

Ta 'rīkh al fattāsh, The Timbuktu chronicles, 1493-1599: English translation of the original works in Arabic by Al Hajj Mahmud Kati Mahmoud Kâti ibn al Hâdj al-MotawakkilKâti (1468-1593) / Africa World Press, 2011.

Timbuktu and the Songhay Empire: Al-Saʿdiʾs Taʾrīkh al-Sūdān down to 1613, and other contemporary documents Saʿdī, ʾAbd al Raḥmān ibn ʾAbd Allāh ibn ʾImrān ibn ʾĀmir al-(1596-1656?), Brill / 2003.

TABLE DES MATIÈRES

RÉSUMÉ

Ce livre retrace l'histoire d'un des plus grands et brillants empires que l'Afrique subsaharienne ait connus, le Songhay (1464-1591). Après le Ghana (7ᵉ-12ᵉ siècles), et le Mali (13ᵉ-15ᵉ siècles), le Songhay est le dernier grand empire médiéval de l'Afrique occidentale du sahel et de la savane. Ses frontières allaient de la Mauritanie au Nord du Bénin en passant par le Niger et le Mali où se trouvait son cœur. Les États ouest-africains suivants (Mali, Niger, Nigéria, Burkina-Faso, Bénin, Sénégal, Gambie, Mauritanie, Guinée Conakry, Guinée Bissau, Côte d'Ivoire, etc.) ou une partie de ces États, ont tous été sous le contrôle du Songhay pendant une période de près de 130 ans. L'origine, l'expansion géographique, l'économie, la politique, l'organisation sociale et la vie culturelle et intellectuelle du Songhay sont entre autres des thématiques sur lesquelles l'auteur examine dans ce livre.

Titulaire d'un Doctorat en histoire à l'université Paris 7 en France (spécialisation histoire coloniale de l'Afrique), d'une Maîtrise en science politique à l'université Paris I Panthéon La Sorbonne (spécialisation politique africaine) et d'un Baccalauréat en enseignement à l'université laurentienne à Sudbury en Ontario, Amadou Ba vit au Canada où il enseigne l'histoire de l'Afrique à Nipissing University (North Bay Ontario). Il donne aussi des cours à la Faculté des sciences de l'éducation et au département de science politique à l'Université Laurentienne (Sudbury). Amadou Ba est auteur de plusieurs livres dont: *L'histoire oubliée de la contribution des esclaves et soldats noirs à l'édification du Canada (1604-1945)*.

NOTES

LES SOURCES ARABES

1. Sur Ibn Battuta, voir l'article de Pierre Alexandre « Le Candide en Afrique ou le voyage d'Ibn Battuta », dans la revue *L'Histoire*, num. 62, décembre 1983.
2. Voir le l'article de Moussa Paré, "L'économie dans le Bilad Al-Sudan Occidental (15e - 16e siècles)", publié dans la revue *Études Rurales*, no. 193, 2014 Souffrances humaines.
3. À ce titre, voir l'article de Abou Touré, "Littérature Peule, écrite en *ajami* (Sénégal, Guinée), Revue *Érudit*, no. 31, 2005.

LES SOURCES EUROPÉENNES

1. Saint Georges de la Mine (en portugais São Jorge da Mina) est un fort construit par les Portugais en 1482 à Elmina au Ghana. C'est, avec le fort Saint Jacques, l'un des deux forts bâtis par les Européens dans ce lieu commercial de la côte de Guinée. C'est ce fort qui est à l'origine de la ville d'Elmina et de son nom, ainsi que le l'importance commerciale de la côte de l'Or.
2. Cet aspect sera éclairé dans la partie réservée à l'empire du Kongo.
3. Pour plus d'informations sur les sources européennes dans l'historiographie africaine, voire l'article de Simon-Pierre Ekanza « Les sources européennes de l'Histoire de l'Afrique noire du 15e au 19e siècle. Quelle méthodologie? » S-P Ekanza est historien, doyen honoraire de l'ex-Faculté des Lettres et Sciences humaines d'Abidjan, et auteur de plusieurs publications sur l'Afrique ancienne, la colonisation française, les peuples du golfe de Guinée et la Côte-d'Ivoire.

LES SOURCES ARCHÉOLOGIQUES

1. Son livre publié en 2003, s'intitule, *Inscriptions médiévales arabes de la République du Mali*.
2. V. Monteil, *BIFAN*, n° 1, 1968, p. 79.
3. Même si Al Bakri n'a pas mentionné son nom, on sait que ce fleuve n'est autre que le Niger.

4. Dans la partie consacrée à l'empire du Mali, j'ai expliqué en quoi consistaient les *Farins*.

5. Ibn Baṭṭuṭa, trad. franç. R. Mauny et al., 1966, p. 72.

6. Ces aspects seront éclairés au moment de parler de la vie économique et politique de l'empire.

7. M. Kati (trad. franç. M. Delafosse et O. Houdas, rééd. 1964, p. 84) traduit *daali* par le « Très-Haut » et pense que ce titre doit être appliqué à Dieu.

8. Le tombeau des Askia, à Gao, au Mali, serait le lieu de sépulture d'Askia Mohammad I, l'un des empereurs les plus productifs de l'empire Songhay et de ses successeurs. Il a été construit à la fin du 15e siècle et est classé au patrimoine mondial de l'UNESCO.

9. Son pèlerinage rappelle celui de Mansa Moussa du Mali mais était moins populaire que ce dernier.

10. J'y reviendrai au moment d'aborder le déclin du Songhay.

VIE POLITIQUE, ÉCONOMIQUE ET SOCIALE AU SONGHAY

1. Explorateur français, connu comme le premier Occidental à revenir de la ville de Tombouctou, dans l'actuel Mali.

2. Une des cinq dynasties (Idrissides, Almoravides, Almohades, Mérinides, Alaouites) ayant régné sur l'intégralité du Maroc de 1554 à 1636 avec comme capitale Fès et Marrakech à partir de 1603.

3. J. Léon l'Africain, trad. franç. A. Épaulard, 1956, t. II, p. 467 à 472. Hassan al-Wazzan, dit Léon l'Africain (en latin Johannes Leo Africanus), de son nom complet Hasan ibn Muhammad al-Wazzan al-Fasi, Hassan fils de Mohamed le peseur, de Fez (né probablement près de Grenade vers 1494 et mort à une date inconnue, allant selon les sources de 1527 à 15551,2), est un diplomate et explorateur d'Afrique du Nord des 15e et 16e siècles.

4. Cet aspect sera plus explicité au moment d'analyser les principaux facteurs qui ont entrainé le déclin de l'empire Songhay.

5. Déjà cité.

6. Frederick Lugard, était un officier britannique, un explorateur de l'Afrique et un administrateur colonial. Gouverneur de Hong Kong puis gouverneur général du Nigéria, il fut un praticien et l'un des plus connus parmi les théoriciens de *l'Indirect rule* (administration indirecte) en matière coloniale.

7. http://www.histoire-afrique.org/printarticle.php3?id_article=74 [archive]

8. Alain Froment, *Le peuplement humain de la boucle du Niger*, Paris, Éditions de l'ORSTOM, coll. « Collection Travaux et Documents », 1998, p. 28.

9. Les Armas, descendants des guerriers marocains ayant fait tomber l'empire Songhay à la bataille de Tondibi puis ayant gouverné le Pachalik de

Tombouctou. Ces Marocains ont épousé des femmes songhaïs nobles et ont adopté la langue et la culture songhaïs.